OBSERVATIONS

Sur les trois projets de résolution proposés, le 5 vendémiaire an VI, par le représentant Duchesne, concernant les transactions entre particuliers, pendant la dépréciation du papier-monnoie.

§. I.

Vues générales sur la matière.

De ce que le législateur ne peut modifier les conventions des particuliers, sans porter atteinte à la foi publique, les créanciers et leurs défenseurs concluent que les obligations stipulées durant le cours des assignats et mandats doivent être acquittées en argent, livre pour livre, sans réduction, de la même manière qu'elles le seroient en papier, si cette monnoie fictive existoit encore.

Rien n'est plus vrai que le principe, rien n'est plus faux que la conséquence.

Avant la révolution, les stipulations ne se faisoient qu'en argent : la révolution amena une loi qui autorisa les debiteurs à s'acquitter en assignats. Ce fut alors véritablement, ce fut sur-tout lorsque l'assignat ayant perdu la moitié, les trois quarts, et enfin les quatre-vingt-dix-neuf centièmes de la valeur, on laissa subsister cette loi, que la foi publique fut étrangement blessée.

Si le jour où l'assignat de 100 liv. ne valut plus que 3o écus, le législateur eût dit que pour acquitter une dette ancienne de 9oo liv.

A

on en paieroit mille , il n'eût rien fait que de
juste. Cependant le contrat n'auroit pas été
exécuté dans les mêmes termes qu'il étoit
conçu ; mais l'intention des contractans auroit été remplie ; au lieu que dans les rem-
boursemens en valeur nominale, la lettre a
été suivie , et la volonté des parties comptée
pour rien.

Le législateur auroit commis une égale injustice , quoiqu'en sens inverse , si en rappel-
lant le numéraire métallique dans la circulation , il eût astreint les débiteurs qui avoient
contracté en assignats, à payer en écus. Il auroit
paru respecter la lettre des contrats , et cependant il leur auroit donné un sens contraire à
la volonté des parties ; car celui-qui s'obli-
geoit à payer 5o francs pour une livre de pain,
ou pour quelque chose d'équivalent , n'entendoit pas s'obliger à payer un marc d'argent ;
celui qui promettoit 5o,ooo liv. pour deux ar-
pens de terre , n'entendoit pas donner mille
marcs d'argent.

Supposons (ce qui n'arrivera pas), qu'une
portion de notre territoire, une de nos îles
vînt à passer sous la domination anglaise : que
diroit-on d'un tribunal qui , sous prétexte que
les loix d'Angleterre ne connoissent que la
livre sterling , condamneroit les débiteurs à
payer autant de livres sterling , qu'ils auroient
promis de livres tournois ? De tels jugémens
seroient aussi injustes que celui qui , dans une
île anglaise conquise par nos armes , autorise-
roit l'acquittement en livres tournois des obligations stipulées en livres sterling.

Il est souverainement juste que lorsqu'une
loi change la valeur d'une expression , cette
même expression conserve dans les actes anté-
rieurs la valeur qu'elle avoit au tems où elle

fut employée. Personne n'a donc été surpris, qu'en déclarant qu'à l'avenir toutes les stipulations seroient censées faites en argent, le corps législatif ait suspendu l'exécution de celles qui avoient été faites en papier, jusqu'à ce qu'il eût déterminé le rapport de la monnoie qu'il décrioit, avec celle qu'il mettoit en circulation. Car, à proprement parler, c'est dans la fixation de ce rapport que consiste toute l'opération, à laquelle le corps législatif est forcé de procéder pour rendre possible, dans le moment actuel, l'exécution des actes passés pendant le cours du papier. La mesure dont les contractans se sont servis a disparu : elle n'existe plus ; elle est remplacée par une autre : la mesure nouvelle est bien connue ; mais l'ancienne ayant varié d'abord tous les mois, et ensuite même tous les jours, les rapports successifs de l'une avec l'autre ne pouvoient être déterminés que par une échelle qu'on ne pouvoit graduer que par des calculs longs et compliqués. Pendant cette opération, la suspension des paiemens étoit de nécessité, et par conséquent de droit : les deux conseils ont bien fait de l'ordonner, pour prévenir des contestations inutiles, et peut-être des jugemens divers ; mais quand ils ne l'auroient pas fait, les tribunaux éclairés auroient senti la nécessité de surseoir à toute décision, jusqu'à ce que le corps législatif eût déclaré par quels équivalens on devoit remplacer ce que la loi avoit fait disparoître.

Ce travail est fait. Nous avons pour chaque département une échelle qui indique la valeur du papier monnoie, époque par époque, depuis le premier janvier 1791, jusqu'au 29 messidor an 5. Il reste à en faire l'application ; et il semble que ce soin ne regarde que les tribunaux. Cependant je conçois que l'équité commande quelques exceptions, quelques tempéramens, qui ne sont pas au pouvoir des juges ; en sorte qu'une loi qui se borneroit à lever la suspension, seroit insuffisante, et ne remédieroit pas à certains inconvéniens qu'il faut prévoir.

Mais il y a ici une observation importante à faire, et qui est d'une grande vérité : c'est à tort qu'on présente comme une grace, comme une faveur, ou du moins comme un secours extraordinaire de la loi, la réduction des valeurs nominales en valeurs réelles. Il faut bien réduire, lorsqu'ayant traité dans une monnoie, on paie dans une autre. Le créancier qui reçoit cent écus pour mille francs qui ne valoient réellement que cent écus, ne fait pas plus de grace que celui qui, pour un billet de 200 écus reçoit 25 louis. Cette réduction est de justice rigoureuse ; elle n'est que l'accomplissement fidèle des engagemens contractés et reçus ; et si les erreurs que les parties ont pu facilement commettre exigent quelques modifications, ce sont ces modifications, ces exceptions à la règle générale, qu'on doit justement appeller des tempéramens d'équité. Pour le prouver, je prends l'exemple le plus favorable aux créanciers : celui d'un particulier à qui l'on doit le prix d'une terre qu'il a vendue.

D'abord, s'il a vendu au taux que se vendoient alors les biens de même nature dans le pays, il n'y a pas eu de lésion dans le principe, car les choses ne valent que ce qu'elles peuvent se vendre : maintenant, éprouve-t-il une lésion en recevant aujourd'hui suivant l'échelle? Pas du tout. S'il eût été payé comptant, et qu'il eût placé ses fonds par billet ou par contrat, il ne pourroit exiger de son débiteur que la valeur qu'il lui auroit fournie. Quel droit auroit-il de demander davantage à l'acquéreur ? Comment est-il possible que celui qui pour un bien acheté doit cent mille francs, qui étoient le juste prix de la chose, soit tenu de s'acquitter autrement, et à des conditions plus onéreuses, que celui qui, à la même époque, auroit pris à intérêt les mêmes cent mille francs.

Dira-t-on que si le vendeur eût reçu le prix comptant, il auroit pu se remplacer en autres immeubles de même valeur, ce qu'il ne pourroit pas faire aujourdhui ? Ce seroit une bien mauvaise raison : car celui qui vend sa terre, renonce par là même au bénéfice qui résulteroit de l'augmentation des biens fonds, comme il s'affranchit des pertes qui pourroient résulter d'une diminution. Celui qui a vendu en 1791 et 1792, auroit aujourd'hui plus de bien pour le prix ; tant mieux pour lui ; tant pis pour celui qui a acheté dans un tems inoportun. Celui qui a vendu en 1795 et 1796, n'auroit pas aujourd'hui autant de bien pour le prix ; tant pis pour lui ; tant mieux pour celui qui a acheté dans un tems favorable. Sans cela, les ventes ne seroient qu'un jeu.

Je suppose maintenant que la terre ait été vendue au-dessous du cours ; et je dis qu'en ce cas même, dans la rigueur du droit, l'acquéreur ne devroit en argent que la valeur représentative du prix convenu, à moins que la lésion ne soit d'outre moitié. Il ne doit que cela, parce qu'il n'a promis que cela, et que le vendeur s'en est contenté. Cependant comme il est possible, vu la grande incertitude des valeurs, sur-tout dans les derniers tems, qu'un père de famille ait donné sa chose à 30 ou 40 pour cent au-dessous du cours, je conçois que le législateur peut venir à son secours. Mais c'est là véritablement un acte de faveur, puisqu'au moment où il a traité, il n'y avoit aucun remède contre une pareille lésion, puisqu'il s'agit de suppléer à la prudence dont il a manqué, de réparer l'erreur qu'il a commise, en donnant pour 60 mille francs ce qu'un autre eût vendu cent mille. Certainement une loi pareille est une espèce de grace, lorsqu'elle s'applique à une convention antérieure.

On objecte que le prix n'étant payable que dans un certain délai, le vendeur a pu espérer qu'il seroit payé en argent, ou que du moins les assignats s'amélioreroient, et que cette chance a influé sur le prix. Cette considération seroit de quelque poids, si l'acquéreur s'étoit formellement interdit la faculté de rembourser avant une époque très-éloignée ; alors il faudroit découvrir, en comparant le prix avec la valeur du fonds, si l'on a entendu stipuler en assignats ou en écus. Que s'il n'y a dans le contrat qu'un simple délai que le débiteur pouvoit anticiper, dès-lors le vendeur a consenti à recevoir quand il plairoit à l'acquéreur, et il n'a pas dû compter que celui-ci attendroit pour se libérer avec lui le retour du numéraire. Certainement le vendeur n'auroit pas eu à se plaindre, si l'acquéreur fût venu payer le lendemain, ou si le payant trois mois après, il lui eût fait raison de la perte que les assignats avoient éprouvée dans l'intervalle. Lorsqu'aujourd'hui cet acquéreur lui offre en espèces tout ce que valoient les assignats à la date du contrat, il offre tout ce qu'il doit, tout ce qu'il a promis. S'il y a une lésion, elle n'est pas dans le mode de payement ; elle est dans le contrat même : de sorte que dans la rigueur des principes, il n'est pas plus permis de subvenir au vendeur , que si l'affaire eût été consommée par l'entier payement du prix ; et si le législateur croit pouvoir s'écarter des règles ordinaires , ce doit être avec beaucoup de ménagement et de circonspection.

§ I I.

Examen du premier projet.

Le premier projet concerne les contrats passés depuis le premier janvier 1791, jusqu'au 29 messidor de l'an 4 , en général ; le second est relatif aux rentes viagères : les autres exceptions sont le sujet du troisième.

Rien n'étoit si simple que l'application de l'échelle aux obligations qui ont pour cause des deniers prêtés en assignats. Lever la suspension , ordonner que les sommes seroient réduites suivant l'échelle du département où le débiteur avoit son domicile , voilà tout ce qu'il y avoit à faire. Le reste est réglé par les contracts , le législateur ne doit pas y toucher.

Cependant , si le débiteur a deux ou trois années pour s'acquitter , la Commission ne veut pas lui laisser ce délai. D'après l'article 4, la réduction n'aura lieu en sa faveur , qu'autant qu'il renoncera au délai , qu'autant qu'il remboursera dans l'année , *à peine de déchéance.*

D'abord , il faut s'entendre. Croyez-vous , citoyen Duchesne , que celui qui a emprunté dix mille francs en assignats , dans un tems et dans un pays où , d'après le tableau , 100 liv. en assignats ne représentoient que 30 liv., se libère pleinement et loyalement en versant mille écus dans les mains de son créancier ?

N'allez pas me dire que si l'assignat perdoit beaucoup contre l'argent , il perdoit moins contre les denrées, les marchandises, et moins encore contre les immeubles. Tout cela est entré en ligne de compte dans les évaluations qu'on a faites de cette monnaie, en vertu de la loi du 5 messidor dernier. La valeur des assignats indiquée à chaque époque, dans le tableau, n'exprime pas la quantité d'argent qu'on en auroit retirée par échange, mais le prix moyen des différens objets qu'on auroit pu en acheter. Il y a des époques où, d'après certains tableaux, cette valeur est double de la somme d'argent que l'assignat représentoit ; en sorte que celui qui a vendu alors ses écus, et placé les assignats qu'il en a retirés, reçoit aujourd'hui deux fois autant que celui qui a prêté ses écus. Certainement on ne peut pas exiger du débiteur au-delà de cette valeur moyenne, à moins qu'on ne suppose que tout emprunteur d'assignats a mis à la loterie et gagné le gros lot. Il seroit même fort injuste de demander plus à celui qui, de tous les emplois possibles, a su choisir le plus avantageux ; car on ne fait aucune remise à celui qui, par événement, a rencontré le moins profitable.

Maintenant je reviens à ma question : celui qui a emprunré 10,000 liv., représentant, d'après le tableau, 3,000 liv., se libère-t-il en conscience avec mille écus ?

Si vous répondez non, je vous demanderai d'abord pourquoi vous tolerez cette injustice? je vous demanderai ensuite, combien, à votre avis, il doit donner ? est-ce 10,000 francs ? Mais s'il est juste qu'il paye 10,000 l. au terme convenu, dans dix-huit mois, je suppose, comment pouvez-vous lui donner quittance moyennant mille écus payés dans un an ? l'escompte est un peu fort. Comment d'ailleurs me persuaderez-vous que cet escompte doit être le même pour celui qui avance le paiement de six ans, et pour celui qui l'avance de six mois ? Enfin, quel est le prétexte de la remise accordée à celui dont la dette est échue ou écherra dans l'année ?

Si vous répondez oui, je suis de votre avis ; mais de quel droit alors exigez-vous que celui qui a emprunté à terme, et qui est disposé à rendre tout ce qu'il a reçu, le rende en effet, deux ou trois ans avant le terme convenu ?

S'il a compté pour se libérer sur des créances de 1790, qui ne doivent échoir qu'en 1800, l'autoriserez-vous à les exiger plutôt ?

Avez-vous senti combien vous aggravez sa condition, en l'obligeant à vendre dans un temps où les biens-fonds sont extraordinairement dépréciés ?

Vous ne savez peut-être pas qu'il y a tel propriétaire de maisons dans Paris, qui, avec ses loyers, fait honneur à ses engagemens, parce qu'il ne doit que des intérêts, et qui n'auroit pas de quoi rembourser la moitié de ses capitaux, s'il étoit contraint de vendre. Rendez sa dette exigible : les anciens créanciers seront payés ; les autres perdront tout.

Et si les fonds ont été employés à une expédition de long cours, à une spéculation qui ne puisse donner un résultat avantageux qu'au bout de quelques années ; faudra-t-il que pour garder jusque-là des fonds qu'il n'a pris qu'à cette condition, le débiteur soit tenu de rendre au quadruple, au centuple, les fonds qui lui ont été confiés ?

Car telle est la peine du retard : c'est la *déchéance* ; c'est l'obligation de rendre des écus pour des assignats, sans réduction ; ensorte que celui qui a emprunté un million en papier, représentant une valeur réelle de 10,000 liv., faute de payer le 30 brumaire, 10,000 francs, seroit condamné le 1 frimaire à payer un million ; il faut convenir que jamais usure ne fut si chère.

La *déchéance!* Encore un coup, vous croyez donc faire une grace, en n'obligeant pas le débiteur à donner, sans réduction, des écus pour du papier, à quelque point qu'il fût déprécié : mais avez-vous le droit de faire grace ? de faire grace à un citoyen aux dépens d'un autre ? de remettre à l'un les neuf-dixièmes de sa dette, à l'autre les 99 centièmes ? Le corps législatif n'a pas ce droit ni cette prétention ; aussi ne fait-il point une remise, quand il oblige le débiteur à payer en écus la valeur et toute la valeur qu'il a reçue en papier : dèslors il ne peut rien lui imposer au-delà.

Je connois un particulier qui, ayant une ancienne dette de 10,000 l., ne voulut rembourser cette somme en assignats qu'au cours; pour cela il emprunta 40,000 liv. qu'il doit encore. D'après le tableau de son département, il ne peut s'acquitter qu'avec 19,000 l., il y a donc pour lui 9,000 liv. de perte. Qui est-ce qui les gagne? ce n'est pas le créancier originaire ; il n'a reçu que ce qui lui étoit dû : c'est donc le nouveau : eh bien, si ce particulier a quelque tems devant lui pour payer, on lui ôtera cette facilité ! Ce n'est pas assez que son créancier gagne sur lui 90 pour cent, outre les intérêts, s'il ne les gagne tout-à-l'heure ! Je nommerai la personne, puisque le trait ne peut que lui faire honneur ; c'est le citoyen Debray de Valfrène, négociant d'Amiens, très-connu.

Si le débiteur est lézé par l'article 4, le créancier me paroît l'être par l'article 6.

Moyennant une somme en papier payée comptant, un particulier s'est obligé de livrer à telle époque une quantité de grains déterminée; l'art. veut que si la marchandise excédoit d'un tiers *au temps du contrat*, la valeur du capital prêté, l'obligation ainsi conçue soit réductible suivant l'échelle.

D'abord on pourroit dire que ce n'est pas ici un prêt, mais une rente ; et en effet celui qui a fourni les fonds a couru le risque de recevoir une valeur inférieure à celle qu'il avançoit, et ce qui revient au même, de payer le bled plus qu'il ne vaudroit, puisqu'il ne pourroit le revendre.

Au surplus je soutiens qu'il peut se rencontrer des marchés qui soient précisément dans l'espèce déterminée, et qui n'offrent aucune lésion. Tous ceux qui ont vécu à Paris savent que vers la fin de l'an 3 et pendant les six premiers mois de l'an 4, le bled y étoit hors de prix : le septier de froment se vendoit jusqu'à trois louis, et le sac de farine de cinq à six. Certainement celui qui à cette époque, se seroit engagé, moyennant une valeur réelle de deux louis, même de 36 liv. à livrer un septier de bled dans trois ans, ou moyennant 60 liv. un sac de farine, n'auroit pas fait un marché de dupe L'évènement le prouve, et l'on devoit s'y rendre. Le bon sens dit que dans une pareille vente, ce n'est pas le prix actuel au *temps du contrat* qu'on doit considérer, mais le prix habituel de la chose.

§. III.

Notes sur le second projet concernant les rentes viagères.

L'article 2 porte, entr'autres dispositions,

qu'une rente viagère ne sera point réductible, si elle a été constituée depuis le 11 nivôse an 3, jusqu'au 25 messidor suivant, à 3 pour 100 sur une tête, et à 2 pour 100 sur deux têtes.

La valeur moyenne de l'assignat pendant cet espace de vingt décades, calculée sur le tableau de la Seine, a été de 12 l. 6 s. pour 100 francs. Trois livres de rente pour 12 liv. 6 sous de capital, c'est environ 24 pour 100 ; mais ce qu'il y a de remarquable, c'est que pendant ce mois de messidor an 3, l'assignat de 100 l. n'a pas valu au-delà de 3 liv. 15 s. de sorte que si on allouoit 3 liv. de rente pour ces 100 l ; tous les quinze mois le rentier retireroit en intérêts le montant de son capital : cela est trop absurde pour s'y arrêter.

L'article 5 gradue, suivant les différens âges, les intérêts des capitaux réduits, dans une proportion assez juste, quand il s'agit d'une rente constituée sur une seule tête.

Mais à l'égard des rentes constituées sur plusieurs têtes, l'article porte que *la plus jeune servira de règle pour l'échelle de réduction.* (c'est-à-dire, pour le taux de l'intérêt : car l'âge et l'échelle n'ont rien de commun). Or cette disposition n'est nullement juste ; car encore qu'il soit probable que la tête la plus jeune survivra, et que la rente ne durera pas plus long-temps que si elle eût été constituée sur une tête seule, il est cependant très-possible que la tête la plus âgée survive, et que la rente continue d'être payée long-temps encore après l'extinction de la plus jeune. Certes, il n'est pas de débiteur qui ayant constitué une rente sur un jeune homme, consentît pour rien à lui donner un survivancier. Comment peut-on imaginer qu'une rente viagère doit être la même sur une tête de 5o ans, ou snr deux têtes, l'une de 3o, l'autre de 55, et la même encore sur trois têtes de 25, 26 et 27 ans? Dans tous les cas, elle seroit de 9 pour cent d'après le projet.

L'article 7 déclare non réductibles toutes rentes viagères et alimentaires, pour cause de secours domestiques, main d'œuvre, cession d'une profession, etc.

Si la pension est vraiment alimentaire, il y à apparence que celui qui l'a promise est en état de la payer; mais si une rente avoit été constituée en 1796, suffisante pour faire vivre un individu, celui qui la toucheroit aujourd'hui en numéraire, seroit un des plus riches particuliers de France; et il pourroit se faire que toute la fortune du débiteur, quoique considérable, ne suffît pas pour payer six mois d'une pareille rente. Cela demande quelque tempérament.

§. I V.

Observations sur le troisième projet, concernant les ventes d'immeubles, partages, etc.

Les sommes dues pour prix d'immeubles seront acquittées en numéraire, sans réduction, si l'acquéreur ne préfère de résilier; le vendeur pourra éviter la résiliation, en consentant à recevoir suivant l'échelle. Tel est le fond du projet.

Autant vaudroit dire que tous ceux qui ont vendu, au moins dans les deux dernières années, seront les maîtres de résilier ou de tenir les marchés; car, ne fût-il dû qu'un dixième du prix, ce dixième en argent excéderoit souvent la valeur de la chose.

Ainsi, toutes les fois que le vendeur aura

ou croira avoir éprouvé une lésion quelcon-
que, il pourra annuller le contrat, et il sera
plus favorisé que celui qui a souffert une lésion
d'outre-moitié ; car, dans ce cas-là même,
remarquez ceci, l'acquéreur peut toujours
retenir la chose, en *suppléaut le juste prix*,
au lieu qu'ici il ne pourroit la garder qu'en
payant deux, trois fois, cent fois peut-être
le juste prix. J'ignore par quels sophismes on
prétendra justifier une si bizarre disposition.

De trois choses l'une : ou le bien, dont le
prix est dû en tout ou en partie, à été vendu
suivant le cours auquel se vendoient les biens
de même nature dans le pays et dans le tems ;
ou il a été vendu au-dessus ou au-dessous.

S'il a été vendu au cours, il n'y a aucune
lésion, à plus forte raison, s'il a été vendu
au-dessus ; et, comme je l'ai prouvé, le vendeur, en recevant en argent le juste équivalent
des assignats qui lui étoient promis, n'éprouve
aucun préjudice, puisque la valeur des assignats a été calculée d'après le cours des diffé-
rentes choses qui sont dans le commerce, et
notamment d'après celui des biens fonds. En
vérité, il est bien étrange, qu'après avoir ad-
mis le cours des immeubles, comme élément
dans le calcul de l'échelle, on ne veuille pas
appliquer cette échelle à ce qui est dû pour les
prix d'immeubles.

Mais il est possible qu'un père de famille,
mal instruit du cours, ait vendu sa terre au
dessous : eh bien ! il est facile de lui snbvenir
sans recourir à la résilialion, de tous les
moyens le plus violent et le plus contraire
à la foi des contrats. La terre existe, on ne
peut ni la soustraire, ni la cacher : on doute
si dans la vente on a calculé sur la dépréciation
du papier-monnoie, ou du moins si on a cal-

culé juste. Rien n'est plus facile à vérifier. Une terre de cent mille livres a été donnée pour cent mille livres, dans un temps où l'assignat avoit perdu la moitié de sa valeur'; le prix n'a pas été haussé ; il est juste qu'il soit acquitté en argent. Telle autre terre a été vendue le double de sa valeur, lorsque l'assignat étoit tombé à 25 pour 100 ; le prix doit être réduit, non pas au quart, mais à moitié. Telle autre enfin qui ne valoit que 50,000 l. a été vendue un million, à une époque où l'assignat est cotté dans le tableau à 5 pour 100; puisqu'à raison du changement de monnoie le prix a été vingtuplé, il est tout simple que lorsqu'on est revenu à la monnoie première, il soit acquitté par un vingtième de la somme portée au contrat. Voilà une nouvelle échelle toute trouvée: celle-ci est nécessairement juste, parce qu'elle est basée sur l'objet même auquel il s'agit de l'appliquer; au lieu que l'échelle commune, basée sur des généralités, n'est rigoureusement exacte que pour les marchés qui ont été faits au cours moyen.

Qu'on donne le choix au vendeur : c'est le traiter, ce me semble, assez favorablement. S'il veut user de l'échelle commune, il évite des longueurs, des frais, il sait tout d'un coup ce qui lui revient; s'il ne s'en contente pas, qu'il tente une autre épreuve : le résultat de l'estimation, comparé au prix exprimé dans le contract, indiquera avec certitude la valeur qu'avoit le papier-monnoie, non pas dans l'opinion générale, mais dans celle des contractans, et rien ne sera plus facile que de la réduire à la valeur effective qu'ils lui ont donnée.

Par-là, on évite la résiliation dans tous les cas, si ce n'est du consentement mutuel des parties.

Par-là , on n'est pas obligé de faire des exceptions pour les *maisons destinées à des fabriques et manufactures* , pour les *usines*, que la commission veut faire payer au denier 30 , quoique de pareils objets ne se vendent pas aussi cher que des terres , parce qu'en effet ce n'est pas un bien aussi solide.

Par-là , toute distinction devient inutile entre les biens qui ont été revendus, et ceux qui sont encore dans les mains des premiers acquéreurs.

Encore une observation. Il est dit par l'article 4 du titre 5 , que *les engagemens de commerce souscrits à quelque titre , pour quelque cause et à quelque terme que ce soit , seront soumis en tout point aux règles établies pour les obligations ordinaires , quant à la réduction , et aux délais des paiemens,* ce qui veut dire que , s'ils sont à long terme , le débiteur ne pourra profiter de la réduction , qu'en notifiant au créancier qu'il entend payer dans l'année , à *peine de déchéance.* Or, tout le monde sait que , lorsqu'un particulier à souscrit une lettre de change , ou un billet à ordre , il ne connoît plus son créancier, jusqu'au moment où le porteur se présente pour toucher. Il est donc impossible que ceux qui ont souscrit de pareils engagemens à longue échéance, fassent la signification perscrite dans les deux mois ; et comme il ne seront plus à tems de la faire , lorsque les effets seront présentés, ils seront obligés de payer en numéraire. La belle chûte !

DERAN.

De l'imp. de GUERIN , rue des Boucheries-Honoré.

www.ingramcontent.com/pod-product-compliance
Lightning Source LLC
Chambersburg PA
CBHW061830060726
47597CB00008B/3433